AF233290

PAROLES

PRONONCÉES

à l'enterrement de Madame Marguerite-Madeleine KUSS,

NÉE BŒLL,

morte à Colmar le 9 septembre 1856.

———oo◦⚬◦oo———

La mémoire du juste sera en bénédiction.
Prov. X, 7.

DISCOURS

DE

M. BUHL, PASTEUR,

A LA MAISON MORTUAIRE.

———◄◆►———

Texte. *Jean XV, 1 à 5.*

1. Je suis le vrai cep, et mon Père est le vigneron.
2. Il retranche tout sarment qui ne porte point de fruit en moi ; et il émonde tout celui qui porte du fruit, afin qu'il porte encore plus de fruit.
3. Vous êtes déjà nets, à cause de la parole que je vous ai annoncée.
4. Demeurez en moi, et moi je demeurerai en vous. Comme le sarment ne saurait de lui-même porter du fruit, s'il ne demeure attaché au cep, vous n'en pouvez porter aussi, si vous ne demeurez en moi.
5. Je suis le cep, et vous en êtes les sarments. Celui qui demeure en moi, et en qui je demeure, porte beaucoup de fruit ; car hors de moi, vous ne pouvez rien faire.

————

Mes bien-aimés en Jésus-Christ,

Nous sommes réunis en cette demeure pour donner à une sœur, qui nous fut chère, une dernière marque d'affection, pour prendre part au

deuil de l'époux, des enfants, et des parents qui la pleurent aujour-
d'hui, et pour recueillir avec eux, dans cette triste circonstance, les
enseignements de la sainte Parole de Dieu.

Nous vous dirons d'abord quelques mots sur la vie extérieure de
la sœur que l'Eternel vient de rappeler à lui. Ils serviront de cadre à
ceux qui l'ont connue et aimée, pour y grouper les souvenirs que leur
affection leur rappelle.

Marguerite-Madeleine Bœll est née à Wissembourg, le 26 avril 1817.
Ses parents furent : Jean-Gaspard Bœll, ancien président du tribunal
civil et membre du conseil des Cinq-Cents, et Marguerite-Madeleine
Schimmer. Elle épousa, le 6 septembre 1838, Auguste-Guillaume Küss,
alors receveur de l'enregistrement et des domaines à Stützheim, et le
suivit successivement à Benfeld, à Brumath, et à Colmar, où ses nombreux amis ont eu le bonheur de la posséder pendant plus de treize ans.
Sa vie, simple et calme comme elle le fut elle-même, a pourtant été
traversée par beaucoup de douleurs. De graves et fréquentes maladies
ont de bonne heure altéré sa santé. Les forces corporelles ne répon-
daient plus à son ardent désir d'accomplir tous ses devoirs et de faire
tout le bien qu'elle voulait faire. Dès l'âge de 16 ans, elle entoura
pendant sept mois entiers, des soins les plus assidus, la couche de son
père qu'une attaque d'apoplexie avait privé de l'usage de ses membres
et presque de la parole, et qui succomba le 18 décembre 1833. Elle
partagea ensuite avec sa mère les peines du veuvage et fut sa fidèle
compagne jusqu'à sa mort, le 10 avril 1842. Epouse aimante, elle était
le plus souvent séparée de son mari, que ses fonctions appelaient au
dehors, quelquefois pendant des mois entiers. Mère dévouée, elle a vu
descendre dans la tombe et a pleuré cinq de ses enfants. Je n'ai qu'à
vous rappeler la mort de son cher Auguste, de cet enfant si plein de
charmes et de santé, qui lui fut redemandé subitement, et dont nous
entourions ici même le cercueil, il y a aujourd'hui six ans. Voici ce
qu'elle-même écrivait après avoir raconté tous les détails de sa maladie :

« Ils sont si heureux ces enfants, quand ils vont au ciel, et pourtant
« cela navre le cœur d'une mère. Il y a sept mois qu'il n'est plus, et je
« ne puis encore parler de lui, ni y penser, sans que je sente mon cœur

« se briser. C'était ma vie et ma joie. Le Seigneur voyait bien que je
« l'aimais trop. »

Sa fidélité maternelle devint, suivant toute apparence, la cause de
sa mort. Les soins que, déjà malade elle-même, elle prodigua jour et
nuit à ses deux plus jeunes enfants, qui souffraient du même mal,
aggravèrent de la manière la plus funeste l'affection dont elle fut atteinte
vers la fin du mois de mai. Après plus de trois mois d'une toux violente,
accompagnée d'une fièvre continue, elle fut enlevée à la tendresse de
son époux et de ses enfants, à l'affection de sa famille et de ses amis,
avant-hier, 9 septembre, à 2 heures après-midi, à l'âge de 39 ans et
et 5 mois.

Nous pourrions nous demander pourquoi ces nombreuses épreuves,
pourquoi cette mort prématurée, qui arrache l'épouse à l'époux, la
mère aux enfants, auxquelles elle aurait pu, selon le cours ordinaire
de la nature, être en bénédiction pendant de longues années encore.
Mais nous n'essayerons pas d'expliquer les voies insondables du Très-
Haut ; nous humiliant devant lui, nous nous contenterons de recon-
naître la miséricorde du Sauveur qui a sanctifié dans l'épreuve et délivré
à jamais une âme qu'il avait élue. Si quelques doutes pouvaient obscurcir
un instant nos esprits, la parole de l'Ecriture que nous venons de lire
devrait les faire disparaître. Elle a été désignée par notre sœur elle-
même, pendant la nuit qui a précédé sa mort, pour servir de thème à
notre sérieuse méditation et, comme telle, elle est bien appropriée
pour nous faire comprendre et les voies secrètes par lesquelles le Seigneur a conduit l'amie que nous pleurons, et la consolation qui l'a
fortifiée sur son lit de douleurs, et à l'heure suprême.

L'idée principale de notre texte, c'est l'union de l'âme fidèle avec son
Sauveur, toujours présent, toujours miséricordieux : *Je suis le cep et
vous en êtes les sarments. Demeurez en moi et moi je demeurerai en
vous.* Unie à son Sauveur, l'âme est sanctifiée par la lutte et par
l'épreuve : *Il émonde tout celui qui porte du fruit, afin qu'il porte
encore plus de fruit.* Unie au Sauveur et sanctifiée en lui, l'âme
croyante triomphe de plus en plus de la faiblesse et de la perversité du
cœur naturel, pour abonder en toutes sortes de bonnes œuvres et pour
jouir, dans la communion avec Jésus, d'une paix de plus en plus parfaite. *Celui qui demeure en moi et en qui je demeure, porte beaucoup
de fruits. Car hors de moi, vous ne pouvez rien faire.*

Tel est le contenu de notre texte, que nous trouvons admirablement confirmé par la vie et la mort de notre sœur. Une courte esquisse de son développement intérieur nous le prouvera.

Dès sa jeunesse, elle fut animée d'un esprit sérieux. Sa conscience, vivante et délicate, lui imprima de bonne heure une tendance religieuse, dans laquelle les chagrins n'ont fait que la fortifier. Cependant ce n'est que le mariage, avec ses devoirs, ses douleurs et ses joies, qui devint pour elle le sol fécond où sa vie spirituelle devait être amenée à la maturité. Réléguée, pendant plusieurs années, par la position de son mari dans une contrée où manquaient les moyens ordinaires d'édification, elle sentit avec son époux, le besoin d'une nourriture spirituelle. Ils la trouvèrent d'abord dans des sermons évangéliques qu'une main amie leur passait, puis dans la lecture d'un des livres les plus profonds et les plus bénis de la littérature religieuse allemande, et dans la société d'amis fidèles et croyants. Mais ce fut pardessus tout la sainte Parole de Dieu, qui ne tarda pas à devenir la nourriture journalière de la famille. Cette assiduité à écouter les enseignements du Seigneur ne pouvait rester sans fruits. Grâce à sa simplicité et à sa droiture, notre sœur reconnut bientôt en Jésus son Sauveur et son Dieu; elle ne cessa d'invoquer sa divine assistance. Le secours du bon Berger ne lui fit point défaut. Pendant des années, il est vrai, sa piété avait consisté principalement à travailler sur elle-même, afin de se rendre plus parfaite; cependant chaque jour lui montrait davantage l'inanité de ses efforts : ses bonnes résolutions de chaque matin semblaient ne servir qu'à ramener chaque soir un nouveau découragement. Mais, le Seigneur, qui avait commencé en elle cette bonne œuvre, la perfectionna aussi. Elle apprit à ne plus rien attendre d'elle-même, elle ne regarda plus qu'à Jésus. Elle crut, avec la simplicité d'un enfant, au pardon *complet* de ses péchés que le Sauveur nous a acquis au prix de ses souffrances et de son sang répandu. Elle trouva dans cette foi la paix du cœur et les forces d'une vie nouvelle. Elle était devenue nette, parce qu'elle avait cru à la parole du Salut. Elle était unie à Jésus, elle était devenue un rameau fertile du cep divin. Aussi put-elle, sur son lit de souffrances, édifier tous ceux qui se sont approchés d'elle, en confessant, d'une voix presque éteinte et pourtant joyeuse, que le Seigneur était toujours près d'elle, qu'elle possédait le pardon de Dieu, qu'elle avait la paix en lui.

Mais un pareil développement spirituel ne peut s'accomplir sans douleurs. Le divin vigneron, est-il dit dans notre texte, *émonde tout sarment qui porte du fruit, afin qu'il porte encore plus de fruit*. Il ne s'agit, il est vrai, que d'une seule chose : de se donner à Jésus qui nous ouvre les bras et nous appelle à lui. Mais, pour que nous puissions y parvenir, il faut que les liens nombreux qui attachent nos cœurs à la terre, soient rompus. Ils l'ont été dans notre chère défunte au prix de beaucoup de souffrances. Décrirons-nous les luttes intérieures et extérieures par lesquelles elle a passé? Ces heures d'angoisses pendant lesquelles elle a veillé au chevet de ses enfants malades? Les larmes qu'elle a versées sur leurs tombes? Il nous suffira d'assister au rude combat qu'elle a eu à livrer, durant les semaines et les mois de sa dernière maladie, quand tous les remèdes, prodigués par la science et la sollicitude, pleine d'amitié, du médecin, quand les soins empressés dont l'entourait l'affection la plus tendre d'un époux alarmé, d'une mère et de sœurs accourues à l'annonce du danger, se montrèrent sans effet sur un mal qui se développait lentement, mais irrésistiblement. — N'était il pas naturel que notre sœur, tout en se réjouissant *de partir de ce monde et d'être avec Christ, ce qui lui était bien meilleur,* reportât ses regards, pleins d'angoisses, sur ceux qu'elle aimait et qu'elle allait délaisser? N'était-il pas naturel qu'elle désirât *demeurer dans ce corps,* à cause de l'époux qu'elle chérissait, à cause de ses enfants qui, selon nos vues humaines, auraient eu encore tant besoin de ses conseils et de ses directions? Oui, mes frères, ce fut là une lutte amère. Mais notre sœur a triomphé par la grâce de son Sauveur, à qui elle a pu confier, avec une pleine assurance, ceux qui lui étaient chers. Elle avait appris, par la tribulation même, à soumettre à la volonté de Dieu ses desirs les plus légitimes, et à s'abandonner complétement à la direction de celui dont *les voies sont élevées pardessus nos voies autant que les cieux sont élevés pardessus la terre.*

Ainsi émondée, elle a été un rameau fertile, elle a porté beaucoup de fruits. Nous ne vous parlerons pas de sa fidélité dans les bonnes œuvres? Nous ne vous dirons pas, combien elle a pris à cœur d'être un aide fidèle pour son époux? Avec quelle chrétienne sollicitude elle a veillé au développement spirituel de ses enfants? Comme elle a dirigé consciencieusement et maternellement toutes les personnes qui ont été à son service? Quelle part elle prenait, de cœur et de fait, à tout ce qui concernait l'avancement du règne de Dieu et la gloire de Christ (¹)? Avec quel intérêt sympathique elle assistait de ses conseils et de ses prières de nombreux amis dont la reconnaissance s'est répandue en ferventes supplications durant le cours de sa dernière maladie? Nous ne vous inviterons, mes frères, qu'à contempler ce lit de douleurs, la patience inaltérable avec laquelle elle a supporté sa longue maladie, sa résignation parfaite à la volonté de son Dieu, le courage simple et calme, fruit de la grâce, avec lequel elle a vu approcher la mort, ce roi des épouvantements. Il était beau de la voir se préparer avec une entière sérénité à son prochain délogement, prendre elle-même toutes les dispositions pour ses funérailles, prier avec les siens jusqu'au dernier moment, les exhorter et les bénir, puis s'endormir en paix dans les bras de son Sauveur! Il était beau d'entendre de sa bouche, peu d'heures avant sa mort, le chant de triomphe des élus: *O mort, où est ton aiguillon? O sépulcre, où est ta victoire?* Elle est belle une mort chrétienne, où tout ce qui est terrestre n'est plus que vanité, où Jésus seul demeure, notre vie et notre salut!

Notre sœur a cru; elle a combattu; elle a triomphé; elle est entrée dans la paix éternelle. Et nous, mes bien-aimés, nous restons encore au milieu de la lutte et des travaux de notre pèlerinage terrestre. Que sa mémoire, que le souvenir de sa mort nous soit en bénédiction!

Qu'elle vous soit en bénédiction, cher époux, qui pleurez aujourd'hui celle qui a partagé vos joies les plus pures et vos douleurs les plus poignantes. Vous avez été son guide durant votre union terrestre. Qu'elle soit maintenant le vôtre, pendant les années que vous avez encore à passer dans ce monde plein d'épreuves et de dangers!

Qu'elle vous soit en bénédiction, chers enfants, qui avez perdu une mère si pieuse et si dévouée! Apprenez à aimer celui qu'elle a aimé: le Seigneur Jésus. Donnez-vous à ce bon Sauveur, afin que vous puissiez un jour, comme elle, vous endormir en paix, et rejoindre dans le

---

(¹) Elle a été, pendant plus de dix ans, l'âme d'une société de travail dont les contributions ont constitué l'une des principales recettes de la société des missions établie à Colmar. Elle a également pris la part la plus active à la fondation et au développement de l'asile évangélique des jeunes servantes qui existe dans notre ville depuis 1852.

séjour des bienheureux celle dont la tendresse a veillé sur vos premières années.

Qu'elle vous soit en bénédiction à vous tous, mes bien-aimés, parents et amis de la défunte ! Apprenons d'elle à rechercher la seule chose nécessaire, à venir, pauvres pécheurs, humbles et croyants, vers *celui qui est le vrai cep et hors duquel nous ne pouvons rien faire.*

Tout est vanité ! Jésus seul est la vie ! A lui soient honneur, louange et gloire aux siècles des siècles ! Amen.

pouvons faire devant cette tombe ouverte? Ne pourrions-nous que soupirer et confondre nos larmes avec celles de cette famille éplorée. A Dieu ne plaisse, mes bien-aimés! Non, le Seigneur nous a donné de quoi lui offrir en cette heure lugubre un sacrifice plus agréable que celui de la plus sincère compassion.

N'oublions pas quelle a été la vie qui vient de s'éteindre pour le temps présent, la paisible union qui vient d'être rompue. Rappelons-nous comment fut acceptée et supportée jusqu'à la fin une aussi dure épreuve. Voyons et considérons la coupe des plus précieuses consolations qu'a présentées à l'épouse, à la mère qui se préparait à son départ, ainsi qu'à ceux qui entouraient son chevet en priant, cette même main de l'Eternel qui s'appesantissait si douloureusement sur cette respectable famille, et, nous humiliant devant le Dieu vivant de l'Evangile, toujours miséricordieux dans ses dispensations, comme il est saint dans ses jugements, bénissons-le dans ses miséricordes devant cette fosse ouverte et ce cercueil près de disparaître, et confondons nos actions de grâces avec celles de nos amis comme nous partageons leurs regrets.

Elevons donc nos âmes vers le trône du suprême modérateur de nos destinées, vers le grand Dieu Sauveur qui tient dans ses mains les issues de la vie et de la mort. Bénissons-le de ce que sa grâce a fait déjà et se réserve de faire encore pour soutenir et pour consoler cette famille en deuil. Demandons-lui en même temps avec une pieuse ardeur les grâces nécessaires pour que nous puissions parvenir à une vie sainte et à une mort tranquille.

PRIÈRE.

Seigneur, Notre Père en Jésus-Christ , pénétrés du sentiment de notre misère et de notre néant , nous nous humilions devant ta haute Majesté ; nous adorons les voies saintes , quoique mystérieuses de ta Providence en confiant à la terre la dépouille mortelle d'une sœur qui nous fut chère , dont nous bénissons la mémoire et que tu as délivrée et rappelée à toi quand son heure fut venue.

C'est pleins de confiance en ton nom trois fois saint , en qui la défunte a cru , en qui elle a fondé toute son espérance , que nous remettons son âme en tes mains paternelles. Donne-lui ta paix , ô Seigneur, et reçois-la dans tes célestes demeures !

Daigne agréer notre juste reconnaissance pour toutes les grâces temporelles et spirituelles que tu as accordées à notre sœur pendant le cours de son pèlerinage jusqu'à sa dernière heure. Nous te bénissons en particulier de la grâce que tu lui a faite , ainsi qu'à son époux , de te connaître , d'être touchés des vérités de l'Evangile , d'en avoir fait *la lampe à leurs pieds , la lumière dans leurs sentiers* , la source de leurs joies les plus pures , de leur force , de leurs consolations , de leurs plus sublimes espérances.

Veuille accomplir à-présent ton œuvre de grâce dans les âmes de ceux qui gémissent , comme tu l'as accomplie dans l'âme de celle dont tu as séché la dernière larme et fait taire le dernier soupir. Garde le veuf et les orphelins dans ton alliance sainte et fais-leur sentir richement les effets de tes compassions ! Répands sur eux tes bénédictions paternelles ! Que comme il l'a été pour leur épouse et leur mère , Christ soit leur vie , afin que la mort leur devienne un gain ! Et que ta miséricorde infinie les réunisse en leur temps dans tes tabernacles éternels !

Et à nous , qui sommes venus ici mêler nos regrets à leurs larmes , fais-nous la grâce de nous souvenir vivement que nous sommes mortels , afin que nous vivions ici-bas , où nous sommes étrangers et voyageurs , dans la foi , dans la piété , dans la justice et dans la tempérance , en attendant la bienheureuse apparition de notre Rédempteur, dont la voix fait tressaillir nos âmes , lorsqu'il nous crie sur le bord de nos tombeaux :

« *Je suis la résurrection et la vie ; celui qui croit en moi vivra quand*
« *même il serait mort, et quiconque vit et croit en moi ne mourra*
« *point pour toujours.* »

Amen !

A-présent que notre chère sœur s'est endormie avec ses pères, que
ces paroles de Dieu se sont accomplies en elle : « *Tu es poudre et tu*
« *retourneras en poudre. Le corps retourne dans la terre d'où il a été*
« *tiré et l'esprit retourne à Dieu qui l'a donné.* »

Que son âme soit avec son Dieu Sauveur !

Que son corps, délivré de toute souffrance, repose ici en paix.

Que sa mémoire nous reste chère et sacrée !

Que ses bénédictions, que les bénédictions et les meilleures consolations du Seigneur soient sur sa famille !

Que notre grand Dieu trois fois saint soit avec nous tous !

Adieu, sœur en Christ !

Adieu, amie !

Amen.

COLMAR, Imprimerie et Lithographie de Camille DECKER.